歷代名畫記

（唐）張彥遠 著者

广陵书社

圖書在版編目（CIP）數據

歷代名畫記 /（唐）張彥遠輯著. -- 揚州 : 廣陵書社, 2013.6
ISBN 978-7-80694-958-0

Ⅰ. ①歷… Ⅱ. ①張… Ⅲ. ①繪畫史－中國－古代
Ⅳ. ①J209.22

中國版本圖書館CIP數據核字（2013）第133948號

ISBN 978-7-80694-958-0

历代名画记

著者 唐·張彥遠
責任編輯 邱數文
出版 廣陵書社
社址 揚州市維揚路349号
电话 （〇五一四）八五二二八〇八八
印刷 揚州廣陵古籍刻印社
社址 揚州市相别路口
电话 （〇五一四）八七三四九〇六一
版次 二〇一三年六月第一版第一次印刷
標準書號 ISBN 978-7-80694-958-0
定價 肆佰捌拾圓

http://www.yzglpub.com E-mail:yzglss@163.com

出版説明

本書是中國第一部繪畫通史著作。唐張彥遠著。全書十卷，分為繪畫歷史發展評述與繪畫理論、鑒識收藏方面的論述、三百七十餘名畫家小傳三部分，具有當時繪畫『百科全書』的性質。

由于本書在中國繪畫史的發展中，具有承先啟後的里程碑式的意義，歷代均有各種版本翻刻流傳，本社據《四庫全書》本影印，以饗讀者。

二〇一三年六月

歷代名畫記　藝術類書畫之屬

提要

臣等謹案歷代名畫記十卷唐張彥遠撰姓
字詳見法書要錄自序謂世家藏法書名畫
收藏鑒識自謂有一日之長所述極為賅備
然如上古河圖之類一槩列之於名畫未免
不倫是亦好博之過也晁公武讀書志載彥

遠名畫獵精六卷記歷代畫工名姓自始皇
以降至唐朝及論畫法并裝背裱軸之式鑒
別閱玩之方虞山毛晉謂彥遠自序止云歷
代名畫記不及此書意其大略相似今觀是
書惟敘歷代畫家及其畫之可傳者所謂畫
法裝裱鑒別絕不及之則獵精當別是一書
今不復傳未可定為相似也且郭若虛圖畫
見聞志曾引是書乃謂無名氏撰則併晁氏

之說亦未足據矣乾隆四十九年四月恭校

上

總纂官臣紀昀臣陸錫熊臣孫士毅

總校官臣陸費墀

之說亦未足據矣乾隆四十九年四月恭校
上

總纂官臣紀昀臣陸錫熊臣孫士毅

總校官臣陸費墀

歷代名畫記

提要

欽定四庫全書

歷代名畫記卷一

唐 張彥遠 撰

敘畫之源流

夫畫者成教化助人倫窮神變測幽微與六籍同功四時並運發於天然非繇述作古先聖王受命應籙則有龜字效靈龍圖呈寶自巢燧以来皆有此瑞迹暎乎瑶牒事傳乎金冊庖犧氏發於滎河中典籍圖畫萌矣軒轅氏得於溫洛中史皇蒼頡狀焉奎有芒角下主辭章頡有四目仰觀垂象因儷鳥龜之跡遂定書字之形造化不能藏其秘故天雨粟靈怪不能遁其形故鬼夜哭是時也書畫同體而未分象制肇創而猶略無以傳其意故有書無以見其形故有畫天地聖人之意也按字學之部其體有六一古文二奇字三篆書四佐書五繆篆六鳥書在幡信上書端象鳥頭者則畫之流也漢末大司空甄豐校字體有六書古文即孔子壁中書奇字即古文之異者篆書即小篆也佐書秦隸書也繆篆所以摹

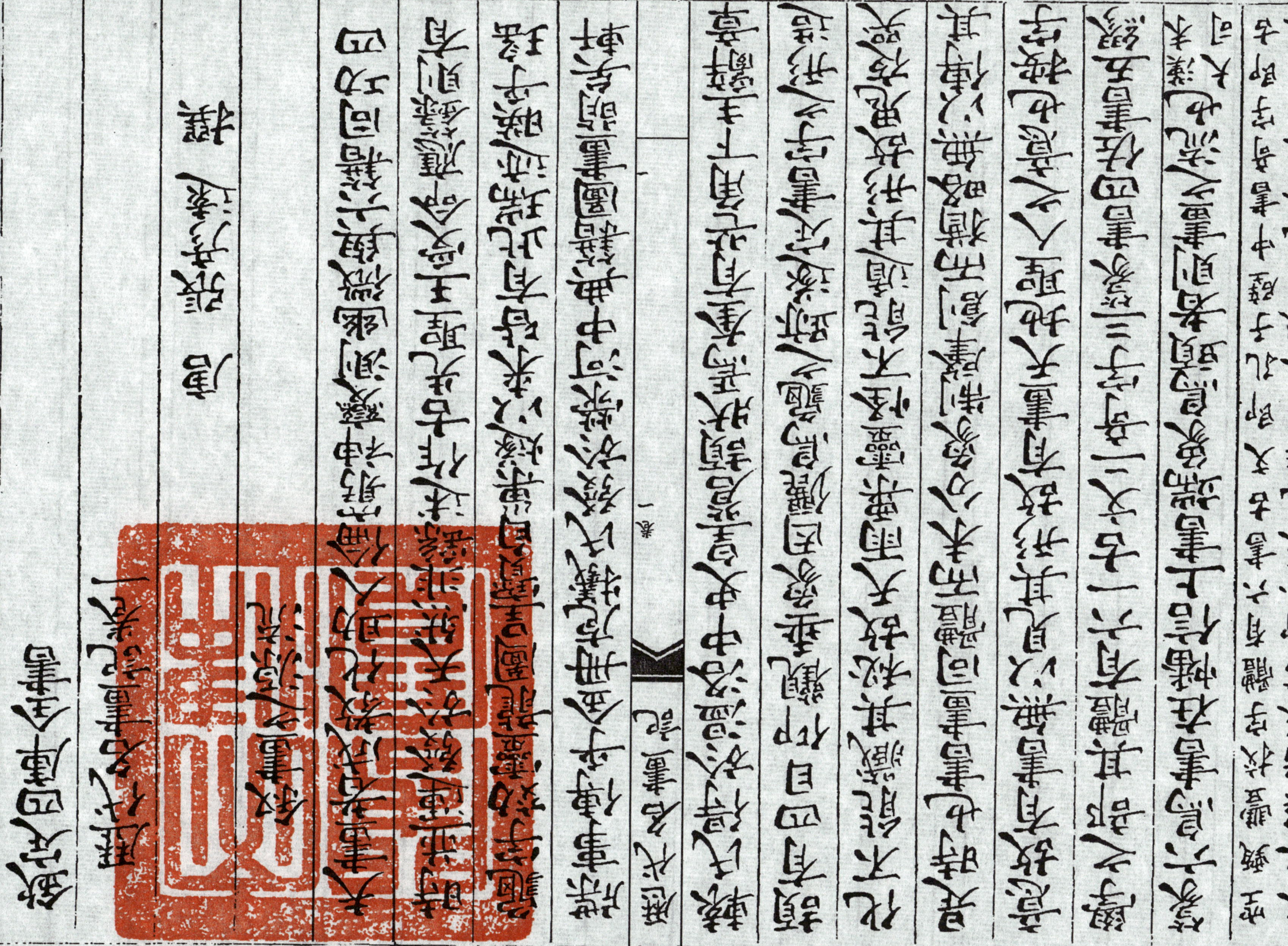

欽定四庫全書

歷代名畫記卷一

唐　張彥遠　撰

敘畫之源流

夫畫者成教化助人倫窮神變測幽微與六籍同功四時並運發於天然非由述作古先聖王受命應籙則有龜字效靈龍圖呈寶自巢燧以來皆有此瑞迹映乎瑤牒事傳乎金冊庖犧氏發於滎河中典籍圖畫萌矣軒轅氏得於溫洛中史皇蒼頡狀焉奎有芒角下主辭章頡有四目仰觀垂象因儷鳥龜之跡遂定書字之形造化不能藏其秘故天雨粟靈怪不能遁其形故鬼夜哭是時也書畫同體而未分象制肇創而猶略無以傳其意故有書無以見其形故有畫天地聖人之意也按字學之部其體有六一古文二奇字三篆書四佐書五繆篆六鳥書在幡信上書端象鳥頭者則畫之流也[illegible]

印璽也鳥書即幡信上作蟲鳥形狀也顏光祿云圖載之意有三一曰圖理卦象是也二曰圖識字學是也三曰圖形繪畫是也又周官教國以六書其三曰象形則畫之意也是故知書畫異名而同體也周禮保章氏掌六書指事諧聲象形會意轉注假借皆蒼頡之遺法也

泊乎有虞作繪繪畫明焉既就彰施仍深比象於是禮樂大闡教化繇興故能揖讓而天下治煥乎而詞章備廣雅云畫類也爾雅云畫形也說文曰畫畛也象田畛畔所以畫也釋名云畫挂也以彩色挂物象也故鼎鐘刻則識魑魅而知神姦旂章明則昭軌度而備國制清廟肅而罇彝陳廣輪度而疆理辨以忠以孝盡在於雲臺有烈有勳皆登於麟閣見善足以戒惡見惡足以思賢留乎形容式昭盛德之事具其成敗以傳既往之蹤記傳所以敘其事不能載其容賦頌有以詠其美不能備其象圖畫之制所以兼之也故陸士衡云丹青之興比雅頌之述作美大業之馨香宣物莫大於言存形莫善於畫此之謂也善哉曹植有言曰觀畫者見三皇

五帝莫不仰戴見三季異主莫不悲惋見簒臣賊嗣莫不切齒見高節妙士莫不忘食見忠臣死難莫不抗節見放臣逐子莫不歎息見婬夫妒婦莫不側目見令妃順后莫不嘉貴是知存乎鑒戒者圖畫也昔夏之衰也桀爲暴亂太史終抱畫以奔商殷之亡也紂爲淫虐內史摯載圖而歸周燕丹請獻秦皇不疑蕭何先收沛公乃王圖畫者有國之鴻寶理亂之紀綱是以漢明宮殿贊茲粉繪之功蜀郡學堂義存勸戒之道馬后女子尚願戴君於唐堯石勒羯胡猶觀自古之忠孝豈同博奕用心自是名教樂事余嘗恨王充之不知言云人觀圖畫上所畫古人也視畫古人如視死人見其面而不若觀其言行古賢之道竹帛之所載燦然矣豈徒墻壁之畫哉余以此等之論與夫大笑其道詬病其儒以食與耳對牛鼓簧又何異哉

叙畫之興廢

圖畫之妙爰自秦漢可得而記降於魏晉代不乏賢泊

乎南北哲匠間出曹衛顧陸擅重價於前董展孫楊垂
妙迹于後張鄭兩家高步於隋室大安兄弟首冠於皇
朝此蓋尤所烜赫也世俗知尚者其餘英妙今亦殫論
漢武創置秘閣以聚圖書漢明雅好丹青别開畫室又
創立鴻都學以集奇藝天下之藝雲集及董卓之亂山
陽西遷圖畫縑帛軍人皆取為帷囊所收而西七十餘
乘遇雨道艱半皆遺弃魏晉之代固多藏蓄胡寇入洛
一時焚燒宋齊梁陳之君雅有好尚晉遭劉曜多所毀

散重以桓元性貪好奇天下法書名畫必使歸已及元
篡逆晉府真迹元盡得之何法盛晉中興書云劉牢之
遣子敬宣詣元請降元大喜陳書畫共觀之元敗宋高
祖先使臧喜入宮載焉南齊高帝科其尤精者録古來
名手不以遠近為次但以優劣為差自陸探微至范惟
賢四十二人為四十二等二十七秩三百四十八卷聽
政之餘旦夕披玩梁武帝尤加寶異仍更搜葺元帝雅
有才藝自善丹青古之珍奇充牣內府侯景之亂太子

緗數夢秦皇更欲焚天下書既而內府圖畫數百函果爲景所焚也及景之平所有畫皆載入江陵爲西魏將于謹所陷元帝將降乃聚名畫法書及典籍二十四萬卷遣後閤舍人高善寶焚之帝欲投火俱焚宮嬪牽衣得免吴越寶劍並將斫柱令折乃歎曰蕭世誠遂至於此儒雅之道今夜窮矣于謹等於煨燼之中收其書畫四千餘軸歸於長安故顔之推觀我生賦云人民百萬而囚虜書史千兩而煙颺史籍已來未之有也溥天之

下斯文盡喪陳天嘉中陳主肆意搜求所得不少及隋平陳命元帥記室參軍裴矩高熲收之得八百餘卷隋帝於東京觀文殿後起二臺東曰妙楷臺藏自古法書西曰寶蹟臺收自古名畫煬帝東幸揚州盡將隨駕中道船覆大半淪棄煬帝崩並歸宇文化及化及至聊城爲竇建德所取留東都者爲王世充所取聖唐武德五年尅平僭逆擒二僞主兩都秘藏之迹維揚扈從之珍歸我國家焉乃命司農少卿宋遵貴載之以船泝河西

上將至京師行經砥柱忽遭漂沒所存十亡一二國初內庫只有三百卷並隋朝以前相承御府所寶太宗皇帝特所耽玩更於人間購求天后朝張易之奏召天下畫工脩內庫圖畫因使工人各推所長銳意模寫仍舊裝背一毫不差其真者多歸易之易之誅後為薛少保稷所得薛歿後為岐王範所得玄宗弟謚惠文太子王初不陳奏後懼乃焚之時薛少保與岐王範石泉公王方慶家所蓄圖畫皆歸於天府祿山之亂耗散頗多肅宗不甚保持頒之貴戚貴戚不好鬻

於不肖之手物有所歸聚於好事之家及德宗艱難之後又經散失甚可痛也自古兵火亟焚江波屢鬭年代寖遠失墜彌多儻時君之不尚則闕其搜訪非至人之賞玩則未辨妍蚩所以駿骨不來死鼠為璞嗟乎今之人衆藪鮮至此道尤衰未曾誤點為蠅惟見亡成類狗彥遠家代好尚高祖河東公曾祖魏國公相繼鳩集名迹先是魏國公與司徒汧公李勉並佐霍國公關內三軍幕府王思禮霍公平定兩京魏公之策也魏公與汧公因

王將至京師行經砥柱忽遭漂沒所存十亡一二（周和內庫
只有三百卷並隋朝以前相承御府所寶）太宗皇帝特所寶玩遍於人間購
求天后朝張易之奏召天下畫工修內庫圖畫因使工
人各推所長銳意模寫仍舊裝背一毫不差其真者多
歸易之易之誅後為薛少保所得薛少保敗後為岐王範
所得（玄宗弟諡惠文太子）王初不陳奏後懼乃焚之時薛少保與
岐王範石泉公王方慶家所蓄圖書皆歸於天府祿山
之亂散佚多肅宗不甚保持頒之貴戚貴戚不好鬻
於不肖之手已在所歸聚於好事之家及德宗蒐之
後又經散失其可嘆也自古兵火之阨[illegible]
寶[illegible]圖多[illegible]時[illegible]人不[illegible]其[illegible]至入之
賞玩則未辨其[illegible]賞不來[illegible]今之
入[illegible]至此[illegible]未曾[illegible]見[illegible]
彥遠家代好尚高祖河東公曾祖魏國公相繼鳩集名
跡[illegible]魏國公與[illegible]汴公[illegible]霍國公[illegible]三軍
幕府（[illegible]）霍公平[illegible]西京魏公[illegible]魏公與汴公因

其同寮遂成久要並列藩閫齊居台衡雅會襟靈琴書相得汧公博古多藝窮精蓄奇魏晉名蹤盈於篋笥許詢逸少經年共賞山泉謝傳戴逵終日惟論琴畫（汧公任南海日於羅浮山得片石汧公子兵部員外郎約又於潤州海門山得雙峰石並為好事所寶悉見傳授又汧公手斲雅琴尤佳者曰響泉曰韻磬汧公在滑州魏公在西川金玉之音山川亡間盡緘瑤匣以表嘉貺西川幕客司空曙賦曰白雪高吟際青霄遠望中誰言路遐曠宮徵暗相通時汧公并寄重寶琴解及琴薦咸在焉）大父高平公與愛弟主客員外郎（彥遠叔祖名諗）及汧公愛子纘（祠部郎中）纘弟約（兵部員外郎字存博）更敘通舊遂契忘言遠同莊惠之交近得荀陳之會大門請纘為判官約與主客皆高謝榮官琴尊自樂終日陶然士流企望莫及也繇是萬卷之書盡歸王粲一厨之畫惟寄桓玄李兵部又於江南得蕭子雲壁書飛白蕭字匣之以歸洛陽授余叔祖致之脩善里搆一亭號曰蕭齋（王涯相倚權勢負之而趨太和末為亂兵所壞其蕭字本末具余所撰法書要錄中）元和十三年高平公鎮太原不能承奉中貴為監軍使內官魏弘簡所忌無以指其瑕且驟言於憲宗曰張氏富有書畫遂降宸翰索其所珍惶

駭不敢緘藏料簡登時進獻乃以鍾張衛索真迹各一卷二王真迹各五卷魏晉宋齊梁陳隋雜迹各一卷顧陸張鄭田楊董展洎國朝名手畫合三十卷表上曰伏以前代帝王多求遺迹朝觀夕覽收鑒於斯陛下睿聖欽明凝情好古聽政之暇將以怡神前件書畫歷代共寶是稱珍絶其陸探微蕭史圖妙冠一時名居上品所希睿鑒别賜省覽又别進玄宗馬射真圖永寶府司馬陳閎畫表曰玄宗天縱神武藝冠前王凡所游畋必存繪事豈止雲夢殪兕楚人美旌蓋之雄潯陽射蛟漢史稱舳艫之盛前件圖臣瞻奉先靈素所寶惜陛下旁求珍迹以備石渠祖宗之美敢不獻呈掌書記監察御史李德裕制詞手詔答曰卿慶傳台鉉業嗣弓裘雄詞冠於一時奥學窮乎千古圖書兼蓄精博兩全别進玄宗馬射真圖恭獲披捧瞻拜感咽聖靈如臨其鍾張等書顧陸等畫古今共寶有國所珍朕以視朝之餘得以寓目因知丹青之妙有合造化之功欲觀象以省躬豈好奇而玩物況煩章奏嘉歎良

遑不敢（[illegible]）登時進獻乃以鍾張衛索真跡各一卷
二王真跡各五卷魏晉宋齊梁陳隋雜跡各一卷顧陸
張鄭田楊董展洎國朝名手畫合三十卷表上曰伏以
前代帝王多求遺跡文覽以養伏惟陛下睿
明凝情好古聽政之暇特以怡神前件書畫歷代共寶
是稱珍絕其陸探微蕭史圖妙冠一時名居上品所
睿鑒別識酷貴之又別進玄宗馬射真圖（陳閎畫亦當時同）表曰
玄宗天縱神武藝冠前王凡所遊幸必存會事豈止

學豈見變入美盡之雅游阮射漢史稱由爐之盛
前件圖臣暗奉先靈畫所寶惜陛下至孝今述以播石
祖宗文美政不敢墜（史孝達書謝溫嶠神詔）手詔答曰卿慶
傳台鉉業嗣弓裘家調詞藻一時稱學稽古圖書
兼蓄圖書精博而全別進玄宗真圖森推歷繼
四聖靈如臨其鍾張等書顧陸等畫今並寶所
珍張以觀朝之餘得以寓目因知卿青久於合代
之功效多以者豈好奇而玩物哉顧章奏嘉歎良

深其書畫並收入內庫世不復見其餘者長慶初大父為內貴魏弘簡門人宰相元稹所擠出鎮幽州遇朱克融之亂皆失墜矣非流俗所愛及事定頗有好事購得之彥遠時未齔歲恨不見家內所寶其進奉之外失墜之餘存者纔二三軸而已雖有豪勢莫能求旃嗟爾後來尤須斷固宜把漆書而興嘆莫將渠柿以潘身聊因暇日編為此記且撮諸評品用明乎所業亦探於史傳以廣其所知後漢孫暢之有述畫記梁武帝陳姚最謝赫隋沙門彥悰唐御史大夫李嗣真秘書

正字劉整著作郎顧況並兼有畫評中書舍人裴孝源有畫録竇蒙有畫拾遺録率皆淺薄漏略不越數紙僧悰之評最為謬誤傳寫又復脫錯殊不足看也如宋朝謝希逸陳朝顧野王之流當時能畫評品不載詳之近古遺脫至多蓋是世上未見其蹤又述作之人不廣求耳嗚呼自古忠孝義烈湮沒不稱者曷勝記哉況書畫耶聖唐至今二百三十年奇藝者駢羅耳目相接開元天寶其人最多何必六法俱全六法解在下篇但取一技可采謂或人物或屋宇或山水或鞍馬或鬼神或花鳥各有所長自史皇至今大唐會昌元年凡三百七十餘人

編次無差銓量頗定此外旁求錯綜心目所鑒言之無隠將來者有能撰述其或繼之時大中元年歲在丁卯

叙歷代能畫人名

自軒轅至唐會昌凡三百七十人

軒轅時一人

史皇

周一人

封膜

齊一人

敬君

秦一人

烈裔

前漢六人

毛延壽　陳敞

劉白　龔寛

陽望　樊育

後漢六人

趙岐　劉褒

蔡邕　張衡

劉旦　楊魯

魏四人

曹髦　楊脩

桓範　徐邈

吳二人

曹不興　吳王趙夫人

蜀二人

諸葛亮（亮子瞻）

晉二十三人

明帝　荀勗

張墨　衛協

王廙　王羲之（子獻之）

康昕　顧愷之

史道碩　謝稚

趙岐　劉褒
蔡邕　張衡
劉旦　楊魯
魏四人
曹髦　楊脩
桓範　徐邈
吳二人
曹不興　吳王趙夫人

蜀二人
諸葛亮 亮子瞻
晉二十三人
明帝　荀勗
張墨　衛協
王廙　王羲之 子獻之
康昕　顧愷之
史道碩　謝稚

夏侯瞻　嵇康

溫嶠　謝巖

曹龍　丁遠

楊惠　江思遠

王濛　戴逵（逵子敦　敦子顒）

宋二十八人

陸探微（探微子綏　綏弟弘肅）　顧寶光

宗炳　王微

謝莊　袁倩（倩子質）

史敬文　史藝

劉斌　尹長生

顧駿之　康允之

顧景秀　吴暕

張則　劉允祖（弟紹祖　子璞）

蔡斌　濮萬年（弟道興）

史粲　朱僧辯

褚靈石　范惟賢

南齊二十八人

宗測　劉係宗

姚曇度（子釋惠覺）　蘧道愍（甥沙門僧珍）

章繼伯　范懷珍

鍾宗之　王奴

王殿　戴蜀

陳公恩　陶景眞

張季和　沈標

謝赫　沈粲

丁光　周曇研

謝惠連　謝約

虞堅　丁寬

劉瑱　毛惠遠（弟惠秀 子稜）

梁二十人

元帝（子方等）　蕭大連

嵇靈石　范惟賢

南齊二十八人

宗測　劉係宗

姚曇度（子釋惠覺）　蘧道愍（沙門僧珍）

章繼伯　范懷珍

鍾宗之　王奴

王殿　戴蜀

陳公恩　陶景真

張季和　沈標

謝赫　沈粲

丁光　周曇研

謝惠連　謝約

袁倩　丁寬

劉瑱　毛惠遠（弟惠秀　子稜）

梁二十八人

元帝（第七子）　蕭大連

蕭賁　陸杲

陶弘景　張僧繇 子善果善果弟儒童

袁昂　焦寶願

嵇寶鈞　聶松

解倩　陸整

江僧寶　僧威公

僧吉底俱　僧摩羅菩提

僧迦佛陀

陳一人

顧野王

後魏九人

蔣少遊　郭善明

侯文和　柳儉

閔文和　郭道興

楊乞德　王由

祖班

蕭賁　陸杲

陶弘景　張僧繇（子善果亦工畫　孫儒童亦善畫）

袁昂　焦寶願

嵇寶鈞　聶松

解倩　陸整

江僧寶　僧威公

僧吉底俱　僧摩羅菩提

僧迦佛陀

陳一人

顧野王

後魏九人

蔣少游　郭善明

侯文和　柳儉

閻文和　郭道興

楊乞德　王由

祖班

北齊十人

高孝珩　蕭放

楊子華　田僧亮

劉殺鬼　曹仲達

殷英童　高尚士

徐德祖　曹仲璞

後周一人

馮提伽

隋二十一人

閻毗　何稠

劉龍（龍弟袞）　展子虔

鄭法士（弟法輪　子德文）　孫尚子

董伯仁　楊契丹

劉烏　陳善見

江志　李雅

王仲舒　閻思光

北齊十八人

高孝珩　蕭放

楊子華　田僧亮

劉殺鬼　曹仲達

殷英童　高尚士

徐德祖　曹仲璞

後周一人

馮提伽

隋二十一人

閻毗　何稠

劉龍（家龍弟）　展子虔

鄭法士（子德文　弟法輪）　孫尚子

董伯仁　楊契丹

劉烏　陳善見

江志　李雅

王仲舒　閻思光

解悰　程瓚
尉遲跋質那　僧曇摩拙义

唐二百六人

漢王元昌（弟韓王元嘉　滕王元嬰）
閻立德（弟立本）　張孝師
范長壽　何長壽
尉遲乙僧　劉孝思
靳智翼　王定

梁寛　吳智敏
康薩陀　王知愼
王韶應　檀智敏
楊須跋　趙武端
范龍樹　周烏孫
楊德紹　陳義
殷敎　殷季友
許琨　僧法明

錢國養　左文通
王陀子　牛昭
吳道子　張愛兒
楊惠之　貞明
程進　韓伯通
竇弘果　毛婆羅
孫仁貴　金忠義
翟琰　李生

張藏　楊庭光
盧稜伽　姚景仙
武靜藏　董萼
陳靜心弟靜眼　程雅
楊坦坦子奐　楊仙喬
解倩　馮紹正
姜皎
李思訓弟思誨思誨子林甫林甫弟昭道林甫姪湊

薛稷　郎餘令
曹元廓　劉行臣
暢𧩂子明瑾　楊寧
楊昇　張萱
尹琳　李仲昌
李嗣真　韋無忝弟無縱
朱抱一　竺元標
蔡金剛　毛嵩

姚彥山　程遜
董好子　楊樹兒
耿純　任貞亮
陸庭曜　暢整
李相國　陳慤
劉智敏　史晟
何君墨　京元成
崔霞　冷元琇

薛稷　郎餘令
曹元廓　劉行臣
[illegible]言（瑾子明）　楊寧
楊昇　張萱
尹琳　李仲昌
李嗣真　韋無忝（弟無縱）
朱抱一　芝元標
蔡金剛　毛嵩
姚思山　程遜
董好子　楊樹寬
耿純　任貞亮
陸庭（曜）　楊璧
李相國　陳廣
劉智敏　史晁
何思運　京元成
崔霞　谷元琇

馬光業　李孿子
馬樹鷹　祝邱
潘細衣　周子敬
段去惑　僧智瑰
殷令名　殷聞禮子仲容
談皎　僧金剛三藏
張遵禮　王紹宗
宋令文　司馬承禎

盧鴻　釋翛然
鄭虔　鄭逾
曹霸　李果奴果奴孫士昉
韓幹　孔榮
陳閎　孟仲暉
杜景祥　王允之
王維　張諲
劉方平　王熊

馬光業　李靈子

馬樹鸞　祝竑

潘細衣　周子敬

殷季友　僧智璟

殷令名　殷聞禮 子中容

談皎　僧金剛三藏

張遵禮　王紹宗

宋令文　司馬承禎

盧鴻　釋修洪

鄭虔　鄭逾

曹霸　李果奴 果以孫士明

韓幹　孔紫

陳閎　孟仲暉

杜景祥　王允之

王維　張諲

劉方平　王熊

王象　田琦
竇師綸　江都王緒
李遜　李平鈞
崔陽元　李炅
張維亶　李滔
張通　耿昌言弟昌期
周古言　嚴杲
楊德本　具俊
李韶　魏晉孫
蒯廉　白旻
韓嶷子文肅　陳庭
高江　車道政
滕王湛然　齊皎皎弟映
朱審　王宰
畢宏　楊炎
史瓚　裴諝

王象　田琦
竇師綸　江都王緒
李湊　李平鈞
崔陽元　李旻
張維亘　李治
張通　耿昌言一作昌
周古言　嚴杲
楊德本　貝浚

李韶　魏晉深
謝康　白旻
韓嶷甫子文　陳庭
高江　車道政
滕王湛　齊旼一作皎
朱審　王宰
畢宏　楊炎
史瓚　張諲

韋鑒弟鑾子鶠　張璪
陳曇　顧況
沈寧　劉商
劉整　劉之奇
邊鸞　于錫
强穎　梁廣
陳庶　陳恪恪子積善
戴重席　劉之章

周昉　趙博文兄博宣
王朏　鄭寓
韓滉　戴嵩嵩弟嶧
李漸子仲和　蕭祐
周太素　麴庭
蕭悅　張志和
侯莫陳廈　僧道芬
鄭町　梁洽

韋鑒 子鶠 弟鑾　張璪
陳曇　顧況
沈寧　劉商
劉整　劉方平
邊鸞　于錫
孫顏　梁廣
陳庶　陳恪 恪子積善
戴重席　劉之章

周昉　趙博文 宣 元博
王默　鄭寓
韓滉　戴嵩 弟嶧
李漸 子仲和　蕭祐
周古言　鄭虔
蕭悅　張志和
侯莫陳廈　盧道宗
鄭町　梁洽

項容　　吳恬

王默

論畫六法

昔謝赫云畫有六法一曰氣韻生動二曰骨法用筆三曰應物象形四曰隨類賦彩五曰經營位置六曰傳模移寫自古畫人罕能兼之彥遠試論之曰古之畫或能移其形似而尚其骨氣以形似之外求其畫此難可與俗人道也今之畫縱得形似而氣韻不生以氣韻求其畫則形似在其間矣上古之畫迹簡意澹而雅正顧陸之流是也中古之畫細密精緻而臻麗展鄭之流是也近代之畫煥爛而求備今人之畫錯亂而無旨衆工之迹是也夫象物必在於形似形似須全其骨氣骨氣形似皆本於立意而歸乎用筆故工畫者多善書然則古之嬪擘纖而胸束古之馬喙尖而腹細古之臺閣竦峙古之服飾容曳故古畫非獨變態有奇意也抑亦物象殊也至於臺閣樹石車輿器物無生動之可擬無氣韻

之可侔直要位置向背而已顧愷之曰畫人最難次山水次狗馬其臺閣一定器耳差易為也斯言得之至於鬼神人物有生動之可狀須神韻而後全若氣韻不周空陳形似筆力未遒空善賦彩謂非妙也故韓子曰狗馬難鬼神易狗馬乃凡俗所見鬼神乃譎怪之狀斯言得之至於經營位置則畫之總要自顧陸以降畫迹鮮存難悉詳之唯觀吳道玄之迹可謂六法俱全萬象必盡神人假手窮極造化也所以氣韻雄狀幾不容於縑素筆迹磊落遂恣意於牆壁其細畫又甚稠密此神異也至於傳模移寫乃畫家末事然今之畫人粗善寫貌得其形似則無其氣韻具其彩色則失其筆法豈曰畫也嗚呼今之人斯藝不至也宋朝顧駿之常結構高樓以為畫所每登樓去梯家人罕見若時景融朗然後含毫天地陰慘則不操筆今之畫人筆墨混於塵埃丹青和其泥滓徒汙絹素豈曰繪畫自古善畫者莫匪衣冠貴胄逸士高人振妙一時傳芳千祀非閭閻鄙賤之所

能為也

論畫山水樹石

魏晉以降名迹在人間者皆見之矣其畫山水則羣峰之勢若鈿飾犀櫛或水不容泛或人大於山率皆附以樹石暎帶其地列植之狀則若伸臂布指詳古人之意專在顯其所長而不守於俗變也國初二閻擅美匠學楊展精意宮觀漸變所附尚猶狀石則務於雕透如氷澌斧刃繪樹則刷脉鏤葉多栖梧菀柳功倍愈拙不勝

其色吳道玄者天付勁毫幼抱神奥往往於佛寺畫壁縱以怪石崩灘若可捫酌又於蜀道寫貌山水由是山水之變始於吳成於二李（李將軍 李中書）樹石之狀妙於韋鶠窮於張通（張璪也）通能用紫毫禿鋒以掌摸色中遺巧飾外若混成又若王右丞之重深楊僕射之奇贍朱審之濃秀王宰之巧密劉商之取象其餘作者非一皆不過之近代有侯莫陳廈沙門道芬精緻稠沓皆一時之秀也吳興郡南堂有兩壁樹石余觀之而歎曰此畫位置

若道芬迹類宗偃是何人哉吏對曰有徐表仁者初為僧號宗偃師道芬則入室今寓於郡側年未衰而筆力奮疾召而來徵他筆皆不類遂指其單複曲折之勢耳剽心晤成若宿構使其凝意且啓幽襟追乎構成亦竊奇狀向之兩壁蓋得意深奇之作觀其潛蓄嵐賴遮藏洞泉蛟根束鱗危幹凌碧重質委地青飈滿堂吳興茶山水石奔異境與性會乃召於山中寫明月峽因叙其所見庶為知言知之者解頤不知者拊掌爾

歷代名畫記卷一

歷代名畫記卷二

唐 張彥遠 撰

敘師資傳授南北時代

自古論畫者以顧生之迹天然絶倫評者不敢一二余見顧生評論魏晉畫人深自推挹衛協（衛協顧愷之並見第五卷）即知衛不下於顧矣只如狸骨之方右軍歎重龍頭之畫謝赫推高名賢許可豈肯容易後之淺俗安能察之詳

觀謝赫評量最為允愜姚李品藻有所未安（姚最李嗣真也）李駮謝云衛不合在顧之上全是不知根本良可於悒只如晉室過江王廙書畫為第一書為右軍之法畫為明帝之師（晉平南將軍王廙字世將）今言書畫一向吠聲但推逸少明帝而不重平南如此之類至多聊且舉其一二若不知師資傳授則未可議乎畫今粗陳大略云至如晉明帝師於王廙衛協師於曹不興顧愷之張墨荀勗師於衛協（衛張同時并有畫聖之名）史道碩王微師於荀勗衛協戴逵師於

范宣荀衛之後范宣第一逵子敦敦弟顒師於父已上晉陸探微師於顧愷之探微子綏弘肅並師於父顧寶光袁倩師於陸倩子質師於父顧駿之師於張墨張則師於吳暕吳暕師於江僧寶劉胤祖師於晉明帝胤祖弟紹祖子璞並師於胤祖已上宋姚曇度子釋惠覺師於父蘧道敏師於章繼伯蘧後勝於章也道敏甥僧珍師於道敏沈標師於謝赫周曇妍師於曹仲達毛惠遠師於顧惠遠弟惠秀子稜並師於惠遠皆不及惠遠已上南齊袁昂師於謝張鄭袁尤得綺羅之

妙也張僧繇子善果儒童並師於父解倩師於聶松蘧道敏道敏不及解倩焦寶願師於張謝江僧寶師於袁陸及戴江長於畫人已上梁田僧亮師於董展田楊與董展聲價相侔田楊鄭三人同時也曹仲達師於袁袁勝曹已上北齊鄭法士師於張張之高足法士弟法輪子德文並師於法士不及法士也孫尚子師於顧陸張鄭尚子鞍馬樹石幾勝於法士陳善見師於楊鄭善見寫楊鄭之迹不辨李雅師於張僧繇王仲舒師於孫尚子已上隋二閻師於鄭張楊展兼師於父毗毗在隋朝范長壽何長壽並師於張何劣於范尉遲乙僧

范宣（荀衛之後范宣第一）逵子勃顒師於父（已上晉）陸探微師
於顧愷之探微子綏弘肅並師於父（已上宋）顧寶光袁倩師於陸
倩子質師於父 [illegible] 吳暕
師於江僧寶 [illegible] 劉胤祖師於晉明帝胤祖弟紹祖子璞
並師於胤祖（已上宋）姚曇度子釋惠覺師於父蘧道愍師
於章繼伯（章繼伯蘧道愍之甥也）[illegible] 沈標師於謝
赫周曇研師於曹仲達毛惠遠師於顧惠遠弟惠秀子
稜並師於惠遠（已上南齊）[illegible]

張僧繇子善果儒童並師於父 [illegible]
焦寶願師於張謝江僧寶師於袁陸及戴
（已上梁人）田僧亮師於董展曹仲
達師於袁（已上北齊）鄭法士師於張法士弟法輪
子德文師於法士孫尚子師於顧陸張鄭
陳善見師於楊鄭

師於父尉遲跋質那在隋朝陳廷師於乙僧乙僧外國陳廷次之靳智翼師於曹曹創佛事畫佛有曹家樣張家樣及吳家樣吳智敏師於梁寬寬勝智敏王智愼師於閻極類閻之迹而少劣檀智敏師於董吳道玄師於張僧繇又師於張孝師又授筆法於張長史旭盧稜伽楊庭光李生張藏並師於吳各有所長稜伽庭光為上足劉行臣師於王韶應韓幹陳閎師於曹霸王紹宗師於殷仲容已上國朝畫人近代皆不載也各有師資遞相倣效或自開戶牖或未及門牆或青出於藍或氷寒於水似類之間精粗有別只如田僧亮楊子華楊

契丹鄭法士董伯仁展子虔孫尚子閻立德閻立本並祖述顧陸僧繇田則郊野柴荆為勝楊則鞍馬人物為勝契丹則朝廷簪組為勝法士則游宴豪華為勝董則臺閣為勝展則車馬為勝孫則美人魑魅為勝閻則六法備該萬象不失所言勝者以觸類皆能而就中尤所偏勝者俗所共推展善屋木且不知董展同時齊名展之屋木不及於董李嗣真云三休輪奐董氏造其微六轡沃若展生居其駿而董有展之車馬展無董之臺閣

此論為當若論衣服車輿土風人物年代各異南北有殊觀畫之宜在乎詳審只如吳道子畫仲由便戴木劍閻令公畫昭君著帽殊不知木劍創於晉代幃帽興於國朝舉此凡例亦畫之一病也且如幅巾傳於漢魏羃離起自齊隋幞頭始於周朝折上巾軍旅所服即今幞頭也用全幅皁向後幞髮俗謂之幞頭自武帝建德中裁為四脚也巾子創於武德胡服靴衫豈可輒施於古象衣冠組綬不宜長用於今人芒屩非塞北所宜牛車非嶺南所有詳辯古今之物商較土風之宜指

事繪形可驗時代其或生長南朝不見北朝人物習熟塞北不識江南山川遊處江東不知京洛之盛此則非繪畫之病也故李嗣真評董展云地處平原闕江南之勝迹參戎馬乏簪裾之儀此是其所未習非其所不至如此之論便為知言譬如鄭玄未辯楂梨蔡謨不識螃蟹魏帝終削典論初以其無火浣布著典論言之刋於太學後有外國獻火浣布遂削弃典論也隱居有昧藥名陶隱居本草多未曉北地藥名也吾之不知蓋闕如也雖有不知豈可言其不博精通者所宜詳辯南北之

事繪形可驗時代其或生長南朝不見北朝人物習熟塞北不識江南山川遊處江東不知京洛之盛此則非繪畫之病也故李嗣真評董展云地處平原闕江南之勝迹參戎馬乏簪裾之儀此是其所未習非其所不至如此之論便為知言譬如鄭玄未辯楊雄奇字遺隸書則與論（大謬誤百外圖畫大況年老道年無知以其無入況者善與論言之任苦）也論陶隱居有昧藥名（晚陶隱居本草多也北隱居本草藥名）本吾之不知蓋闕如也雖有不知豈可言其不博精通者所宜詳辨南北之人

妙迹古今之名蹤然後可以議乎畫

論顧陸張吳用筆

或問余以顧陸張吳用筆如何對曰顧愷之之迹緊勁聯綿循環超忽調格逸易風趨電疾意存筆先畫盡意在所以全神氣也昔張芝學崔瑗杜度草書之法因而變之以成今草書之體勢一筆而成氣脈通連隔行不斷唯王子敬明其深旨故行首之字往往繼其前行世上謂之一筆書其後陸探微亦作一筆畫連綿不斷故

知書畫用筆同法陸探微精利潤媚新奇妙絕名高宋代時無等倫張僧繇點曳斫拂依衛夫人筆陣圖一點一畫別是一巧鉤戟利劍森森然又知書畫用筆同矣國朝吳道玄古今獨步前不見顧陸後無來者授筆法於張旭此又知書畫用筆同矣張既號書顛吳宜為畫聖神假天造英靈不窮衆皆密於眄際我則離披其點畫衆皆謹於象似我則脫落其凡俗彎弧挺刃植柱構梁不假界筆直尺虬鬚雲鬢數尺飛動毛根出肉力健

有餘當有口訣人莫得知數仞之畫或自臂起或從足先巨壯詭怪膚脉連結過於僧繇矣或問余曰吳生何以不用界筆直尺而能彎弧挺刃植柱構梁對曰守其神專其一合造化之功假吳生之筆向所謂意存筆先畫盡意在也凡事之臻妙者皆如是乎豈止畫也與乎庖丁發硎郢匠運斤效顰者徒勞捧心代斲者必傷其手意旨亂矣外物役焉豈能左手劃圓右手劃方乎夫用界筆直尺界筆是死畫也守其神專其一是真畫也

死畫滿壁曷如汙墁真畫一劃見其生氣夫運思揮毫自以為畫則愈失於畫矣運思揮毫意不在於畫故得於畫矣不滯於手不凝於心不知然而然雖彎弧挺刃植柱構梁則界筆直尺豈得入於其間矣又問余曰夫運思精深者筆迹周密其有筆不周者謂之如何余對曰顧陸之神不可見其盻際所謂筆跡周密也張吳之妙筆纔一二像已應焉離披點畫時見缺落此雖筆不周而意周也若知畫有疏密二體方可議乎畫或者頷

之而去

論畫體工用搨寫

夫陰陽陶蒸萬象錯布玄化亡言神工獨運草木敷榮不待丹綠之采雲雪飄颺不待鉛粉而白山不待空青而翠鳳不待五色而綷是故運墨而五色具謂之得意意在五色則物象乖矣夫畫物特忌形貌采章歷歷具足甚謹甚細而外露巧密所以不患不了而患於了既知其了亦何必了此非不了也若不識其了是真不了

也夫失於自然而後神失於神而後妙失於妙而後精精之為病也而成謹細自然者為上品之上神者為上品之中妙者為上品之下精者為中品之上謹而細者為中品之中余今立此五等以包六法（六法已具第一卷）以貫衆妙其間詮量可有數百等孰能周盡非夫神邁識高情超心惠者豈可議乎知畫夫工欲善其事必先利其器齊紈吳練冰素霧綃精潤密緻機杼之妙也武陵水井之丹磨嵳之沙越巂之空青蔚之曾青武昌之扁青

上品石綠蜀郡之鉛華黃丹也出本草始興之解錫胡粉研鍊澄汰深
淺輕重精麤林邑崑崙之黃雌黃也忌胡粉同用南海之蟻鉚紫鉚
也造粉燕脂吳綠謂之赤膠也雲中之鹿膠吳中之鰾膠東阿之牛膠
采章之用也漆姑汁鍊煎並為重采鬱而用之古畫皆用漆姑汁若鍊煎
謂之鬱色於綠色上重用之古畫不用頭綠大青畫家呼麗綠為頭綠麗青為大青
取其精華接而用之百年傳致之膠千載不剝絕仍食
竹之毫一劃如劍有好手畫人自言能畫雲氣余謂曰
古人畫雲未為臻妙若能沾溼綃素點綴輕粉縱口吹

之謂之吹雲此得天理雖曰妙解不見筆蹤故不謂之
畫如山水家有潑墨亦不謂之畫不堪倣效江南地潤
無塵人多精藝三吳之跡八絕之名逸少右軍長康散
騎書畫之能其來尚矣淮南子云宋人善畫吳人善治
治賦色也不亦然乎好事家宜置宣紙百幅用法蠟之以備
摹寫顧愷之有摹搨妙法古時好搨畫十得七八不失神采筆蹤
亦有御府搨本謂之官搨國朝內庫翰林集賢祕閣搨
寫不輟承平之時此道甚行艱難之後斯事漸廢故有

非常好本榻得之者所宜寶之既可希其真蹤又得留為證驗遍觀衆畫唯顧生畫古賢得其妙理對之令人終日不倦凝神遐想妙悟自然物我兩忘離形去智身固可使如槁木心固可使如死灰不亦臻於妙理哉所謂畫之道也顧生首創維摩詰像（見第四卷）有清羸示病之容隱几忘言之狀陸與張皆效之終不及矣（張墨陸探微張僧繇並畫維摩詰居士終不及顧之所創者也）

論名價品第

或曰昔張懷瓘作書估論其等級甚詳君畧不詮定自古名畫為畫估焉張子曰書畫道殊不可渾詰書即約字以言價畫則無涯以定名況漢魏三國名蹤已絕於代今人貴耳賤目罕能詳鑒若傳授不昧其物猶存則為有國有家之重寶晉之顧宋之陸梁之張首尾完全為希代之珍皆不可論價如其偶獲方寸便可椷持比之書價則顧陸可同鍾張僧繇可同逸少書則逡巡可成畫非歲月可就所以書多於畫自古而然今分為三

古以定貴賤以漢魏三國爲上古則趙岐劉褒蔡邕張衡（已上四人後漢）曹髦楊脩桓範徐邈（已上四人魏）曹不興（吳）諸葛亮（蜀）之流是也以晉宋爲中古則明帝荀勗衛協王廙顧愷之謝稚嵇康戴逵（已上八人晉）陸探微顧寶光袁倩顧景秀之流是也（已上四人宋）以齊梁北齊後魏陳後周爲下古則姚曇度謝赫劉瑱毛惠遠（已上四人齊）元帝袁昂張僧繇江僧寶（已上四人梁）楊子華田僧亮劉殺鬼曹仲達（已上四人北齊）蔣少游楊乞德（已上二人後魏）顧野王（陳）馮提伽（後周）之流是也隋及國初爲近代之價則董伯仁展子虔孫尚子鄭法士楊契丹陳善見（已上六人隋）張孝師范長壽尉遲乙僧王知慎閻立德閻立本（已上六人唐朝）之流是也上古質略徒有其名畫之蹤跡不可具見中古妍質相參世之所重如顧陸之跡人間切要下古評量科簡稍易辯解迹涉今時之人所悅其間有中古可齊上古顧陸是也下古可齊中古僧繇子華是也近代之價可齊下古董展楊鄭是也國朝畫可齊中古則尉遲乙僧吳道玄閻立本

是也若詮量次第有數百等今且舉俗之所知而言凡人間藏蓄必當有顧陸張吴著名卷軸方可言有圖畫若言有書籍豈可無九經三史顧陸張吴為正經楊鄭董展為三史其諸雜迹為百家吴雖近可為正經必也手揣卷軸口定貴賤不惜泉貨要藏篋笥則董伯仁展子虔鄭法士楊子華孫尚子閻立本吴道玄屏風一片值金二萬次者售一萬五千自隋已前多畫屏風未知有畫幛故以屏風為准也其楊契丹田僧亮鄭法輪乙僧閻立德一扇值金一萬且舉俗

間諳悉者推此而言可見流品夫中品藝人有合作之時可齊上品藝人上品藝人當未遒之日偶落中品唯下品雖有合作不得廁於上品在通博之人臨時鑒其妍醜只如張顛以善草得名楷隸未必為人所寶余曾見小楷樂毅虞褚之流韋鶠以畫馬得名人物未必為人所貴余見畫人物顧陸可儔夫大畫與細畫用筆有殊臻其妙者乃有數體只如王右軍書乃自有數體及諸行草各繇臨時構思淺深耳畫之臻妙亦猶於書此

須廣見博論不可匆匆一槩而取昔裴孝源都不知畫妄定品第大不足觀但好之則貴於金玉不好則賤於瓦礫要之在人豈可言價

論鑒識收藏購求閱玩

夫識書人多識畫自古蓄聚寶玩之家固亦多矣已具第一卷中則有收藏而未能鑒識鑒識而不善閱玩者閱玩而不能裝褫裝褫而殊亡銓次者此皆好事者之病也貞觀開元之代自古盛時天子神聖而多才士人精博而好藝購求至寶歸之如雲故內府圖書謂之大備國初左僕射蕭瑀及許善心楊素褚安福家並進圖畫兼隋代所有乃成林藪貞觀六年虞世南褚遂良等奉勑簡閱開元十年十二月太子中允張悱充知搜訪書畫使天寶中徐浩充採訪圖畫使前後不可具載名代也故有進獻以獲官爵或有搜訪以獲錫賚開元中有商胡穆聿別識圖書遂直集賢告訐搜求至德中白身受金吾長史改名詳時有潘淑善以獻書畫拜官遼東人王昌括州人葉豐長安人田頴洛陽人杜福劉翌河內人齊光皆別識販賣此輩雖業降好事而迹類藩身又有侍御史集賢直學士史維則充使博訪圖書懸以爵賞所獲不少建中四年徐浩侍郎自云昏耄奏男璹前試國子司業兼太原縣令竇蒙蒙弟簡較戶部員外郎汴宋節度叅謀臮並皆別識勑並用之貞元初有賣書畫人孫方顒與余

須廣見博論不可匆匆一槩而取昔裴孝源都不知畫
妄定品第大不足觀但好之則貴於金玉不好則賤於
瓦礫要之在人豈可言價

論鑒識收藏購求閱玩

夫識書人多識畫自古蓄聚寶玩之家固亦多矣其一卷中
則有收藏而未能鑒識鑒識而不善閱玩閱玩而
不能裝䌙裝䌙而殊亡銓次者此皆好事者之病也貞
觀開元之代自古盛時天子神聖而多才士人精博而

好藝購求至寶歸之如雲故內府圖書謂之大備[illegible]
射諸論跡及詩書以搨寫書並求進圖畫有石[illegible]林[illegible]貞觀中南[illegible]遠[illegible]
元十年十二月太子中允[illegible]知[illegible]諸[illegible]書寶中訪書求訪圖畫[illegible]不可其數[illegible]或
有進獻以獲官爵或有搜訪以獲錫賚開元中有商胡穆聿
遂直集賢告訐搜求至德中白身受金吾長史時有潘淑善以獻書畫擢之以官[illegible]
[illegible]
[illegible]

家買得真迹不少今有男盈在長安頃年又有趙晏皆為别識也又有從來蓄聚之家自號圖書之府開元中邠王府司馬竇瓚潁川人也右補闕席異安定人也監察御史潘履慎榮陽人也金部郎中蔡希寂濟陽人也給事中竇紹州婺源縣令滕昇吴郡人也陸曜東都人福先寺僧胐同官尉高至渤海人也國子主簿晁温太原人也鄠縣尉崔曼倩永王府長史陳閎潁川人也監察御史薛邕太原人郭暉並是别識收藏之人近則張郎中從中侍郎惟素從中子也蕭桂州祐李方古歸侍郎登道士盧元卿韓侍郎愈裴侍郎璘段相鄒平公中書令晉公裴度李太尉德裕蓄聚既多必有佳者姸蚩渾雜亦在詮量是故非其人雖近代亦朽蠹得其地則遠古亦完全其有晉宋名跡煥然如新已歷數

百年紙素彩色未甚敗何故開元天寶間蹤跡或已耗散良由寶之不得其地也夫金出於山珠産於泉取之不已為天下用圖畫歲月既久耗散將盡名人藝士不復更生可不惜哉夫人不善寶玩者動見勞辱卷舒失所者操揉便損不解裝褫者隨手棄捐遂使真迹漸少不亦痛哉非好事者不可妄傳書畫近火燭不可觀書畫向風日正飡飲唾洟不洗手並不可觀書畫昔桓玄愛重圖書每示賓客客有非好事者正飡寒具按寒具即今之

家藏真跡不少今在圖者又有從來蓄聚之家

自號圖書之府補闕邵安人也開元中劉王可寶畫

生張淵懿今滕昇美部郎人也
同宜益旨至海人也圖之主簿溫人也
紀益恩清承主簿象圖國三人也
太原人郎中近又為議收藏之人近則張
卿睦薛中于也蕭甫吉
元稹韓侍郎愈裴侍郎璘張相國

者所進渾雖亦全量及於非其人雖近代亦珍

愛重圖書每示賓客客有非好事者正餐寒具寒具今之饊子以油煎之

環餅以酥油煑之遂汙物也以手捉書畫大點汙玄惋惜移時自後每出法書輒令洗手人家要置一平安牀褥拂拭舒展觀之大卷軸宜造一架觀則懸之凡書畫時時舒展即免蠹溼余自弱年鳩集遺失鑒玩裝理晝夜精勤每獲一卷遇一幅必孜孜葺綴竟日寶玩可致者必貨弊衣減糲食妻子僮僕切切嗤笑或曰終日為無益之事竟何補哉既而歎曰若復不為無益之事則安能悅有涯之生是以愛好愈篤近於成癖每清晨閑景竹窗松軒

以千乘為輕以一瓢為倦身外之累且無長物唯書與畫猶未忘情既頹然以忘言又怡然以觀閱常恨不得竊觀御府之名迹以資書畫之廣博又好事家難以假借況少真本書則不得筆法不能結字已墜家聲為終身之痛畫又迹不逮意但以自娛與夫熬熬汲汲名利交戰於胸中不亦猶賢乎昔陶隱居啓梁武帝曰愚固博涉患未能精苦恨無書願作主書令史晚愛楷隸又羡典掌之人人生數紀之內識解不能周流天壤區區

惟恐五慾實可愧恥每以得作才児猶勝頑仙此陶隱居之志也由是書畫皆為清妙況余凡鄙於二道能無癖好哉今彦遠又別撰集法書要録等共為二十卷好事者得余二書則書畫之事畢矣

歷代名畫記卷二

欽定四庫全書

歷代名畫記卷三

唐 張彦遠 撰

敘自古跋尾押署

前代御府自晉宋至周隋收聚圖畫皆未行印記但備列當時鑒識埶人押署

宋

張則　袁倩

陸綏

齊

劉瑱　毛惠遠

梁

沈熾文　唐懷允

徐僧權　孫子真

庾於陵　法象

徐湯　孫遠

欽定四庫全書

歷代名畫記卷三

唐 張彥遠 撰

敘自古跋尾押署

前代御府自晉宋至周隋收藏圖畫皆有印記亦備

列當時鑒識藝人押署

宋

張則 朱倩

陸綏

齊

劉瑱 毛惠遠

梁

沈熾文 唐懷允

徐僧權 張子真

庾於陵 法象

徐誥 孫達

姚懷珍　范肖祖
江僧寶　滿騫
陳延祖　顧操

陳

杜僧譚　黃高

北齊

丁道矜

隋

江總　姚察
朱异　何妥

大業年月日奉勑裝
開皇年月日內史薛道衡署名跋尾
亦有開皇年月日參軍事學士諸葛潁諮議參軍開府學士柳顧言釋智果
唐朝武德初秦王府跋尾主簿上開府薛收文學褚亮亦有褚亮下更署虞世南姓名
貞觀中褚河南等監掌裝背並有當時鑒識人押署跋

官爵姓名貞觀十一年月日兵曹史樊行整裝合若干紙宣義郎行參軍李德頡

數功曹參軍金川縣開國男平儼典司馬行相州都督府司馬蘇勗監銀青光祿大夫行黃門侍郎扶風縣開國男韋挺監

十二年月日題署同十一年

十三年月日將仕郎直弘文館臣王行直裝起居郎臣褚遂良監司空許州都督趙國公臣無忌開府儀同三司尚書左僕射太子少師梁國公臣玄齡特進尚書左僕射申國公臣士廉特進鄭國公臣徵吏部尚書左僕射臣君集犯法後亦有楷卻處中書令騎馬都尉安德郡開國公臣楊師道左衛大將軍武陽縣開國公臣李大亮光祿大夫民部尚書莒國公臣唐儉光祿大夫禮部尚書河間郡王臣孝恭刑部尚書彭城

縣開國公臣劉德威兼太常卿扶風縣開國男臣韋挺少府監安昌縣開國男臣馮長命銀青光祿大夫行尚書左丞濟陽縣開國男臣唐皎亦有不署馮長命唐皎二人官爵姓名者

十四年月日將仕郎直弘文館臣張龍樹裝某官士廉某官徵某官楊師道起居郎臣褚遂良亦有臣蔡撝裝其玄齡士廉魏徵師道君集官爵姓名並同師道後有左屯衛大將軍上柱國通川縣開國男臣姜行本

十五年十六年月日文林郎臣張龍樹裝行起居郎臣褚遂良楊師道魏徵房玄齡官爵並同上房玄齡後無已下人姓名

十七年十八年月日守黃門侍郎褚遂良監亡他人官爵姓名是開元中割卻

國男章 攝監

部尚書左僕射臣君集記法後市有詩卸威中書令駙

歷代名畫記 卷三 三

姜行本

造同上奏玄齡後 無已下入姓名

十七年十八年月日 官爵姓名長開元中割却 入守黃門侍郎褚遂良監亡也

十九年月日褚遂良監亡他人官爵姓名是開元中割却

開元中玄宗購求天下圖書亦命當時鑒識人押署跋尾劉懷信等亦或割去前代名氏以已等名氏代之開元五年月日陪戎副尉王思忠裝亦有張龍樹裝王行真裝文林郎直秘書省臣王知逸監宣義郎行左司禦率府録事參軍臣劉懷信監十年賜名匪矜宣義郎行左驍衛率府倉曹參軍臣陸元悌監後至十一年為給事中賜名堅直集賢承議郎行左金石衛長史臣魏哲監左散騎常侍崇文館學士上柱國舒國公臣褚無量開府儀同三司上柱國梁國公臣姚崇秘書監侍讀昭文館學士上柱國常山縣開國公臣馬懷素銀青光禄大夫行中書侍郎同中書開下平章事監修國史上柱國許國公臣蘇頲銀青光禄大夫守吏部尚書兼侍郎監修國史上柱國廣平郡開國公臣宋璟

十年月日王思忠裝同上使承議郎守殿中丞知中書尚作事安昌縣開國男臣馮紹正使朝議大夫將作少府監臣陳義

十五年月日王府大農李仙舟裝背內使尹奉祥監是集賢書院書畫

建中十年月日臣賀遂奇劉逸江等又有副使掖庭令茹蘭芳副使內寺伯臣宋遊瓌

已上跋尾押署書畫多同此例今畧舉大例言之餘不具載

叙古今公私印記

寶中十年月日 臣賈城有劉逸江筆文有副使瑯處今始蕭方副使內寺伯臣承進寰

太宗皇帝自書貞觀二小字作二小印
玄宗皇帝自書開元二小字成一印
又有集賢印祕閣印翰林印各以判司所收掌圖書定印
又有弘文之印恐是東觀舊印印書者其印至小
更有元和之印恐是官印多印搨本書畫
諸好事家印有東晉僕射周顗印古小頲字
又有梁朝徐僧權印
唐朝魏王泰印

太平公主騎馬武延秀玉印胡書四字梵音云三藐母馱
故潤州刺史贈左散騎常侍徐嶠之印
嶠之子吏部侍郎會稽郡公徐浩浩子璹印
議郎竇蒙印又有蒙弟范陽功曹竇泉印
延王友竇永二小字印
金部郎中劉繹印
起居舍人李造印

鄂州司馬張懷瓘弟盛王府司馬懷瓌印
劒州司馬劉知章印
光祿大夫中書令上柱國趙國公鍾紹京印
彦遠高祖中書令河東公印
曾祖相國魏國公印
祖相國高平公二字小印
又有鵲瑞二字同爲一印
故相國司徒汧國公李勉印

汧國公之子兵部員外郎李約印
又故相趙國公李吉甫印
故御史大夫黎幹印
故桂州觀察使蕭祐印
故相國晉國公韓滉印
故相國鄴侯李泌印
故犯法人宰相王涯印
僕射馬總印

宣州長史周昉印

劍州刺史王朏印

張敦簡印

已上諸印記千百年可為龜鏡

別有唐時諸名人印

已上並未尋討去處皆是識鑒寶玩之家印記並可為驗證

褚氏印章又有褚氏書印非褚河南之印也大約收藏

家印記耳

此外更有諸家印署皆非鑒識但偶獲書畫便即印之不足為證驗故不具録若不識圖畫不煩空驗印記雖然自古及近代御府購求之家藏蓄傳授閱翫其人至多是以要明跋尾印記乃是書畫之本業耳

論裝背褾軸

自晉代已前裝背不佳宋時范史始能裝背宋武帝時徐爰明帝時虞龢巢尚之徐希秀孫奉伯編次圖書裝

背為玅梁武帝命朱异徐僧權唐懷克姚懷珍沈熾文等又加裝護國朝太宗皇帝使典儀王行真等裝褫起居郎褚遂良校書郎王知敬等監領凡圖書本是首尾完全著名之物不在輙議割截改移之限若要錯綜次第或三紙五紙三扇五扇又上中下等相揉雜本亡詮次者必宜與好處為首下者次之中者最後何以然凡人觀畫必銳於開卷懈怠將半次遇中品不覺留連以至卷終此虞龢論裝書畫之例於理甚暢凡煮糊必去

筋稀緩得所攪之不停自然調熟余往往入少細研薰陸香末出自拙意永去蠹而牢固古人未之思也汧國公家背書畫入少蠟要拄蜜潤此法得宜趙國公李吉甫家云背書要黄硬余家有數帖黄硬書都不堪候陰陽之氣以調適秋為上時春為中時夏為下時暑濕之時不可用勿以熟紙背必皺起宜用白滑漫薄大幅生紙紙縫先避人面及要節處若縫縫相當則強急卷舒有損要令參差其縫則氣力均平太硬則強急太薄則失力絹素彩色不可擣理紙上

白畫可以砧石妥帖之宜造一太平案漆板朱界制其曲直古畫必有積年塵埃須用皁莢清水數宿漬之平案扞去其塵埃垢畫復鮮明色亦不落補綴擡油絹襯之直其邊際密其隟縫端其經緯就其形制拾其遺脫厚薄均調潤潔平穩然後乃以鏤沉檀為軸首或裹鼊束金為飾白檀身為上香潔去蟲小軸白玉為上水精為次琥珀為下大軸杉木漆頭輕圓最妙前代多用雜寶為飾易為剝壞故貞觀開元中內府圖書一例用白檀身紫檀首紫羅褾織成帶以為官畫之褾或者云書畫以褾軸買害不宜盡飾余曰裝之珍華裛以藻繡緘縢緼藉方為宜稱（其古之異錦具李章武所集錦譜）必若大盜至焉亦何計寶惜梁朝大聚圖書自古為盛湘東之敗烟焰漲天此其運也况乎私室寶持子孫不肖大則胠篋以遺勢家小則舉軸以易朝餼此又時也亦何嗟乎

記兩京外州寺觀畫壁（會昌中多毀折今亦具載亦有好事收得畫壁在人家者）

兩京寺觀等畫壁

太清宮 殿內絹上寫玄元真是吳

薦福寺 天后飛白書額

淨土院門外兩邊吳畫神鬼南邊神頭上龍為妙西廊

菩提院吳畫維摩詰本行變

律院北廊張璪畢宏畫

西南院佛殿內東壁及廊下行僧並吳畫未了

興善寺殿內壁畫至妙失人名 按裴錄云此寺有劉焉畫恐是

西南舍利塔內曹畫西面尹琳畫

東廊從南第三院小殿柱間吳畫神工人裝損

三藏院閣畫至妙失人名

慈恩寺塔內面東西間尹琳畫西面菩薩騎師子東面騎象

塔下南門尉遲畫西壁千鉢文殊尉遲畫

南北兩間及兩門吳畫并自題

塔北殿前總間吳畫菩薩殿內楊庭光畫經變色損

大殿東軒廊北壁吳畫未了舊傳是吳細看不是
大殿東廊從北第一院鄭虔畢宏王維等白畫
入院北壁二神甚妙失人名
兩廊壁間閻令畫中間及西廊李果奴畫行僧
塔之東南中門外偏張孝師畫地獄變已剥落
院內東廊從北第一房間南壁韋鑾畫松樹
大佛殿內東壁好畫失人名
中三門裏兩面尹琳畫神

龍興觀大門內吳畫神已摧剥
殿內東壁吳畫明真經變
北面從西第二門董諤白畫
唐安寺塔下尹琳李真畫
北堂內西壁朱審畫山水
光宅寺東菩提內北壁東西偏尉遲畫降魔等變殿內
吳生楊廷光畫又尹琳畫西方變
玄真觀殿內玄元及侍真座上陳靜心畫樂天及神殿

内外程雅陳靜心畫
資聖寺殷仲容題額檀章畫中三門東牕間
南北面吴畫高僧
大三門東南壁姚景仙畫經變
寺西門直西院外神及院内經變楊廷光畫
北圓塔下李真尹琳絹畫菩薩
寳刹寺佛殿南楊契丹畫涅槃等變相與裴録同據裴畫録亦有鄭畫
西廊陳靜眼畫地獄變又有楊廷光畫今不見也

興唐寺三門樓下吴畫神
東般若院楊廷光畫山水等
西院韓幹畫一行大師真徐浩書讃又有吴生周昉絹
畫中三門内東西偏兩壁尉遲畫
殿軒廊東面南壁吴畫
淨土院董諤尹琳楊坦楊喬畫
院内次北廊向東塔院内西壁吴畫金剛變工人成色
損

損

院內次北廊向東塔院內西壁吳畫金剛變工人成色

淨土院董諤尹琳楊垣楊喬畫

殿軒廊東西南壁吳畫

畫中三門內東西偏西壁尉遲畫

西院韓幹畫一行大師真徐浩書讚又有吳生周昉絹

東般若院楊廷光畫山水等

興唐寺三門樓下吳畫神

（今不見也）西廊陳靜眼畫地獄變又有楊廷光畫

寶刹寺佛殿南楊契丹畫涅槃等變相（與裴錄同彥悰畫錄亦有鄭畫）

北圓塔下李真尹琳繪畫菩薩

寺西門直西院外神及院內經變楊廷光畫

大三門東南壁姚景仙畫經變

南北兩吳畫高僧

資聖寺（段仲容題額）檀章畫中三門東廊間

內外程雅陳靜心畫

次南廊吳畫金剛經變及郗后等并自題
小殿内吳畫神菩薩帝釋西壁西方變亦吳畫
東南角吳弟子李生畫金明經變
講堂内楊廷光畫
菩提寺佛殿内東西壁吳畫神鬼西壁工人布色損佛
殿壁帶間亦有楊廷光白畫
殿内東西北壁並吳畫其東壁有菩薩轉目視人法師
文溆亡何令工人布色損矣

東壁董諤畫本行經變
佛殿上構欄耿昌言畫水族
佛殿内東壁楊廷光畫據西京記合有鄭畫今亡
萬安觀公主影堂東北小院南行屋門外北壁李昭道
畫山水
淨域寺據裴畫錄此寺有孫尚子畫今不見
三階院東壁張孝師畫地獄變杜懷亮書牓子
院門内外神鬼王韶應畫王什書牓子王什杜懷亮書人罕知有書迹

甚高似
鍾書
景公寺東廊南間東門南壁畫行僧轉目視人
中門之東呉畫地獄并題
西門内西壁呉畫帝釋并題次南廊呉畫
三門内東西畫至妙失人名
青龍寺三門外東西王韶應畫
安國寺東車門直北東壁北院門外畫神兩壁及梁武
帝郗后等並無畫并題

經院小堂内外並呉畫
西廊南頭院西畫堂内南北壁并中三門外東西壁梵
王帝釋並楊廷光畫
三門東西兩壁釋天等呉畫工人成色損
東廊大法師院塔内尉遲畫及呉畫
大佛殿東西二神呉畫工人成色損
殿内維摩變呉畫
東北涅槃變楊廷光畫

西壁西方變吳畫工人成色損
殿内正南佛吳畫輕成色
開元觀西廊院天尊殿前龍虎君明真經變及西壁並
楊廷光畫門西總上下楊仙喬畫
雲花寺小佛殿有趙武端畫淨土變
西廊北院門上北面王知慎畫
寶應寺多韓幹白畫亦有輕成色者
佛殿東西二菩薩亦幹畫工人成色損

西南院小堂北壁張璪畫山水
院南門外韓幹畫側坐毗沙門天王
北下方西塔院下邊鸞畫牡丹
咸宜觀三門兩壁及東西廊並吳畫
殿上總閭真人吳畫
殿前東西二神解倩畫
殿外東頭東西二神西頭東西壁吳生并楊廷光畫總
閭寫真及明皇帝上佛公主等圖陳閎畫

門高真又明皇帝上佛公主等圖東間畫
殿外東頭東西二神西頭東西壁吳生并楊廷光畫
殿前東西二神解倩畫
殿上窗間真人吳畫
咸宜觀三門兩壁及東西廊並吳畫
北下方西塔院下邊鸞畫牡丹
院南門外韓幹畫側坐毗沙門天王
西南院小堂北壁張璪畫山水

佛殿東西二菩薩亦韓幹畫工人成色損
寶應寺多韓幹白畫亦有輕成色者
西廊北院門上北西王知慎畫
雲花寺小佛殿有趙武端畫淨土變
楊廷光畫門西窗上下楊仙喬畫
開元觀西廊院天尊殿前龍虎君明真經變及西壁
殿內正南佛吳畫輕成色
西壁西方變吳畫工人成色損

永壽寺三門裡吳畫神

千福寺（在安定坊會昌中毀寺後却置不改舊額）寺額上官昭容書（毀寺後有僧收得再置却懸之）中三門外東行南太宗皇帝撰聖教序（弘福寺沙門懷仁集王右軍書）西行楚金和尚法華感應碑（顏魯公書徐浩題額）碑陰（沙門飛錫撰吳通微書）

東塔院（額高力士書）涅槃鬼神（楊惠之書）門屋下內外面楊廷光白畫鬼神并門屋下兩面四五間

西塔院玄宗皇帝題額

北廊堂內南嶽智顗思大禪師法華七祖及弟子影（弟子壽王主簿韓幹敬貌遺法弟子沙門飛錫撰頌并書）繞塔板上傳法二十四弟子（盧稜伽韓幹畫裏面吳生畫時菩薩現吳生貌）塔北普賢菩薩鬼神似是尹琳畫（相傳云是楊廷光畫時筆端舍利從空而落）塔院門兩面內外及東西向裏各四間吳畫鬼神帝釋（極妙）塔院西廊（沙門懷素草書）天師真韓幹畫此東塔玄宗感夢置之

楚金真吳畫彌勒下生變（韓幹正畫細小稠閙）

院門北邊碑（顏魯公書岑勛撰）南邊碑（張芬書）向裏面壁上碑（吳通

微書僧道秀撰造塔人木匠李伏橫石作張愛兒石井欄篆書李陽冰石作張愛兒東
閣肅宗置面東碑韓擇木八分書王据撰天台智者大師碑張芬書佛殿
東院西行南院殿內有李編畫普賢菩薩田琳畫文殊師利菩薩
崇福寺武后題額西庫牛昭王陁子畫山水
東山亭劉整畫山水
西庫門外西華神吳畫自題
化度寺殿仲容題額楊廷光楊仙喬畫本行經變盧稜伽畫
地獄變今殘兩頭少許耳

溫國寺淨土院尹琳畫三門內吳畫鬼神南北總門畫
神失人名
定水寺王羲之題額從荊州將來殿內東壁北二神西壁三帝釋並
張僧繇畫從上元縣移來餘七神及下小神並解倩畫
殿內東壁孫尚子畫維摩詰其後屏風臨古迹帖亦妙
中間亦孫尚子畫東間不是孫亦妙失人名
內東西壁及前面門上並似展畫甚妙前面有三圓光
皆突生壁總間菩薩亦妙

奉恩寺中三門外西院北尉遲畫本國王及諸親族次塔下小畫亦尉遲畫此寺本是乙僧宅

龍興寺佛殿鄭法輪畫

懿德寺三門樓下兩壁神中三門東西華嚴變並妙三門西廊東靜眼畫山水

大殿内畫極妙失人名

勝光寺西北院小殿南面東西偏門上王定畫行僧及門間菩薩圓光

三門外神及帝釋楊仙喬畫

三門北南廊尹琳畫

塔東南院周昉畫水月觀自在菩薩掩障菩薩圓光及竹並是劉整成色

西明寺玄宗朝南薰殿學士劉子皋書額入西門南壁楊廷光畫神兩鋪成色損

東廊東面第一間傳法者圖讚褚遂良書第三間利防等第四間曇柯迦羅並歐陽通書

寺東崇福寺壁碾陳積善畫山水
三階院蔡金剛范長壽畫
淨法寺殿後張孝師畫地獄變
東壁范長壽畫與裴孝源録同西壁亦妙失人名
空觀寺本周時村佛堂遠壁當時名手畫佛堂在寺東
廊南院佛殿南面東西門上袁子昂畫又有三絶是佛
殿門扇孔雀及二龍
崇聖寺西殿內董伯仁畫

東殿展子虔畫展畫與裴録同西北鄭德文畫
淨景寺殷仲容題額
濟度寺殷仲容題額
度都觀殿內范長壽畫
海覺寺歐陽詢題額三門內王韶應畫小殿前面董畫畫像
雙林塔西面展畫後云是鄭畫尤妙
西南院門北壁畫神失名甚妙或云鄭法士
壽果寺殿內畫甚妙失人名

紀國寺西禪院小堂鄭法輪畫甚碎
褒義寺殿後東西畫似是王定
佛殿西壁涅槃變盧稜迦畫自題
西禪院殿內杜景祥王元之畫
大雲寺東浮圖北有塔俗呼為七寶塔隋文帝造馮提
伽畫瘦馬并帳幕人物已剥落又東壁北壁鄭法輪畫
西壁田僧亮畫外邊四面楊契丹畫本行經據裴錄此寺亦有展
畫其田楊鄭並同塔東又手下畫辟邪雙目隨人轉盼

三階院憁下曠野雜獸似是張孝師
西南淨土院遶殿僧至妙失人名
永泰寺殿及西廊李雅畫聖僧
東廊懸門楊契丹畫
東精舍鄭法士畫滅度變相
總持寺門外東西吳畫成色損
佛殿內西畫孫尚子畫
三藏院小佛殿四壁尹琳李昌畫

堂內李重昌畫恩大師影
莊嚴寺兩寺並殿令名題額南門外壁白蕃神尹琳畫
中門外東西盧稜迦畫兩壁甚大
祕書省薛稷畫鶴賀知章題詩在東祕書廳郎餘令書
鳳在書閣柱上都不成畫不堪觀先亦有小山水在書
閣上今已無御史臺殿中廳吳畫山水據其畫跡不是
吳又蕭桂州祐畫山水將作監劉整畫山水太常寺太
卿後廳梁洽畫山水

禪定寺裴孝源畫錄云有陳善見畫
西禪寺裴孝源云有孫尚子畫
開業寺裴錄云有曹仲達李雅楊契丹鄭法士畫
清禪寺裴錄云有鄭法士畫
延興寺裴錄云有鄭法士李雅畫
已上上都
東都寺觀畫壁
福先寺三階院吳畫地獄變有病龍最妙

寺三門兩頭亦似吳畫係本寺三階院

天宮寺三門吳畫除災患變板上二菩薩張僧繇畫從江南將來

長壽寺門裏東西兩壁鬼神吳畫

佛殿兩軒行僧亦吳畫

菜園精舍內王韶應畫

敬愛寺據裴孝源畫錄云有孫尚子畫彥遠按敬愛寺是中宗皇帝為高宗武后置孫尚子是隋朝畫手裴君所記為謬矣佛殿內菩薩樹下彌勒菩薩塑像麟德二年

自內出王玄策取到西域所圖菩薩像為樣巧兒張壽宋朝塑王玄策指揮李安貼金東間彌勒像張智藏塑即張壽之弟也陳永承成西間彌勒像竇弘果塑已上三處像光及化生等並是劉爽刻殿中門西神竇弘果塑殿中門東神趙雲質塑今謂之聖神也此一殿功德並妙選巧工各騁奇思莊嚴華麗天下共推西禪院殿內佛事并山並竇弘果塑東禪院般若臺內佛事中門兩神大門內外四金剛并獅子崑崙各二并迎送金剛神王及四大獅子兩食堂講堂兩聖僧已上並是竇弘果塑大殿內東西面壁畫劉行臣描維摩詰盧舍

寺三門兩頭亦（行文）吳畫（三僧院佛木寺）

天宮寺三門吳畫除災患變相上二菩薩東僧綠畫（江枝）

（南將來）

敬愛寺（是中宗皇帝為高宗武后置孫尚子是隋朝畫據裴孝源畫錄云有孫尚子畫於遠按敬愛寺記為詳矣手裝君所）

那並劉行臣描趙龕成自餘並聖歷已後劉茂德皇甫節共成法華太子變劉茂德成即行臣子西壁西方佛會趙武端描十六觀及閻羅王變劉阿祖描西禪院北壁華嚴變張法受描北壁門西一間佛會及山水何長壽描人物等張法受描趙龕成東西兩壁西方彌勒變并禪院門外道西行道僧並神龍後王韶應描董忠成禪院內西廊壁畫開元十年吳道子描日藏月藏經變及業報差別變吳道子描翟琰成罪福報應是雜手成所以色損也東禪院殿內十輪變武靜藏描東壁西方變蘇思忠描陳慶子成殿間菩薩及內廊下壁武靜藏描陳慶子成講堂內大寶帳開元三年

史小淨起樣隨隱起等是張阿乾生銅作并蠟樣是李正王兼亮郭兼子天后大香爐高五尺五寸闊四尺重二千斤又大金銅香爐毛婆羅樣後更加木座及須彌山浮趺等高一丈二尺張阿乾蠟樣金銅幡十三口長一丈二尺張李八寫并成畫絹幡十三口金銅腳長一丈二尺張李八寫并成又四口亦長一丈二尺雜手成

大院紗廊壁行僧中門內已西並趙武端描惟唐三藏是劉行臣描亦成中門內已東五僧師奴描第六僧已東至東行南頭第二門已南並劉行臣描已北並趙武端描或云劉行臣描中門西邊紗廊外面並聖歷已後劉茂德描陳庶子成中門內立神大門內坐神並劉行臣描中

門東立神及神之東西兩鬼（聖歷後有神英法師令何長壽掃却欲重描神英京兆黨何生洛下衆僧黨劉行臣時人以何生雖善山水至於畫神不如劉劉為闕東獨步與西京長壽齋名洛下之意抑何進劉不許神英之請還遣行臣之子茂德續其父畫今中門東神及兩鬼腰已上新接者亦不逮其父矣）其日藏月藏經變有病龍又妙於福先寺者殿内則天真山亭院十輪經變華嚴經並武靜藏畫龍王面上蜥蜴及懷中所抱雞尤妙見山亭院北及門樓内兩鑲震亶支提二神並劉行臣畫今暗第二門東神亦行臣畫今暗（彦遠遊西京寺觀不得遍惟敬愛寺得細探詩故為詳備）

龍興寺西禪院殿東頭展畫八國王分舍利

大雲寺門東兩壁鬼神佛殿上菩薩六軀淨土經變閣上婆叟仙並尉遲畫黄犬及鷹最妙

弘聖寺陳靜眼張志畫

昭成寺西廊障日西域記圖楊廷光畫

三門下護法二神張遵禮畫

香爐兩頭淨土變藥師變程遜畫

聖慈寺西北禪院程遜畫本行經變維摩詰并諸功德

楊廷光畫

弘道觀東封圖是吴畫兩京記乃云非名手畫誤也城北老君廟吴畫杜甫詩云五聖聯龍衮千官列雁行畫手看前輩吴生獨擅場

光嚴寺 裴孝源云有董伯仁畫 又天女寺 裴云有展畫今不見

已上東都

會昌五年武宗毀天下寺塔兩京各留三兩所故名畫在寺壁者唯存一二當時有好事或揭取陷於屋壁

已前所記者存之蓋寡先是宰相李德裕鎮浙西創立甘露寺唯甘露不毀取管内諸寺畫壁置於寺内大約有

顧愷之畫維摩詰在大殿外西壁

戴安道文殊在大殿外西壁

陸探微菩薩在殿後面

謝靈運菩薩六壁在天王堂外壁

張僧繇神在禪院三聖堂外壁

張僧繇神僧禪院三聖堂外壁

謝靈運菩薩六壁在天王堂外壁

陸探微菩薩在殿後面

戴安道文殊在大殿外西壁

顧愷之畫維摩詰在大殿外西壁

有

甘露寺惟甘露不毀取管內諸寺畫壁置於寺內大約

已前所記者存之蓋寡矣李衛公德裕鎮浙西創立

畫在寺壁普惟存一二當時有好事或揭取陷於屋壁

會昌五年武宗毀天下寺塔兩京各留三兩所故名

光嚴寺董伯仁畫裴孝源云有　又天女寺畫今不見裴云有處

已上東都

于畫前輩吳生擅場

比老君廟吳畫杜甫詩云五聖聯龍袞千官列雁行畫

弘道觀東封圖是吳畫兩京記乃云非名手畫誤也

楊契丹畫

張僧繇菩薩十壁在大殿兩頭
張僧繇菩薩并神在文殊堂外壁
展子虔菩薩兩壁在大殿外
韓幹行道僧四壁在文殊堂內
陸曜行道僧四壁在文殊堂內前面
唐湊十善十惡在三門外兩頭
吳道子僧二軀在釋迦道場外壁
吳道子鬼神在僧迦和尚南外壁

王陁子須彌山海水在僧伽和尚外壁顧畫維摩詰初置甘露寺中後為盧尚書簡辭所取寶於家以匣之人中七年今上因訪宰臣此畫遂詔壽州刺史盧簡辭求以進賜之金帛以畫示百寮後收入內

述古之祕畫珍圖

古之祕畫珍圖固多散逸人間不得見之今粗舉領袖則有

龍魚河圖　六甲隱形圖
五帝鈎命決圖　孝經祕圖

孝經左契圖　孝經[illegible]雄圖

遁甲開山圖 王粲　甘泉宮圖 漢武

漢麟閣圖二 武帝一 宣帝一　鴻都門圖 孔聖七十子

西王母益地圖 舜　南都賦圖 戴安道

雲漢圖 劉褒　黃帝明堂圖 漢武

五嶽真形圖 漢武　韓詩圖 十四

論語圖 二　蚩尤王子兵法營陣圖

魯班攻戰器械圖　黃帝攻法圖

伍胥水戰圖　吳孫子兵法雲氣圖

伍星八卦二十八宿圖

十二星宮圖 三　日月交會九道圖

分野璇璣圖 八　望氣圖 一

河圖 十三 又八卷　詩緯圖 一

春秋圖 一　孝經讖圖 十二

浸譚泥圖 七

八卦八風十二時二十八宿音律圖 十一

周公成壞吉凶圖一　妖怪圖四
相宅園地圖一　黃帝樊薛許氏相圖一
陰陽宅相圖一　馬像圖八
三王相鷹圖一　療馬百病圖十
老子黃庭經圖一　大蒐神芝圖十二
黃帝昇龍圖一　山海經圖六又鈔圖一
太史公漢書圖八又漢記圖三太史公畫二十八人
大荒經圖二十六　河圖括地象圖十一

天地郊社圖　諸鹵簿圖不備錄篇目至多
古聖賢帝王圖二又六　古瑞應圖二
魏帝所撰雜畫圖一　魏順應圖四十
大駕鹵簿圖三　明帝太學圖三
列仙傳圖一　搜神記圖四荀
百國人圖一　地形圖一張衡
地形方丈圖一裴秀　孫子八陣圖
太一三宮用兵成圖二　渾天宣夜圖各一

周公成藏吉凶圖 一　婦人挺圖 四

相宅圖地圖 一　黃帝蠶辯許氏相圖 一

陰陽宅相圖 一　馮鑑圖 八

三王相應圖 一　瀛寰百病圖 十

孝子黃庭經圖 一　大篆神異圖 二十

黃帝昇龍圖 一　山海經圖 六又圖一又紗

太史公漢書圖 史公畫二十八又漢記圖三大

大荒經圖 六二十　河圖括地象圖 十一

天地郊社圖　諸國讚圖 目不備錄王多

古聖賢帝王圖 六二又　古瑞應圖 二

魏帝所撰雜畫圖 一　魏瑞應圖 十四

大馬國讚圖 三　明帝太學圖 三

列仙傳圖 一　搜神記圖 四

百國人圖 一　地形圖 一

地形古史圖 一 梁　孫子八陣圖 張衡

太一三宮用兵成圖 二　渾天宣夜圖 合一

日月交會圖一 鄭玄註

章賢十二時雲雨氣圖一

十二屬神圖一 神農本草例圖一

周禮圖十四 周室王城明堂宗廟圖

江圖三 劉氏又一張氏

吳孫子牝牡八變陣圖二

黃石公五星圖玄圖一 占日雲氣圖 京兆夏氏魏氏並有

二十八宿分野圖一 風角五音圖

三禮圖 十卷阮諶等撰又十二卷隋文帝開皇二十年勅有司撰左武侯執旗侍官夏侯朗畫

爾雅圖 上下兩卷陳尚書令江灌字德源至武德中為隋州司馬并著爾雅贊二卷音六卷

忠孝圖 二十卷唐故京州都督李襲譽貞觀三年撰奏上嘉之并傳贊

漢明帝畫宮圖 五十卷第一起庖犧五十雜畫贊漢明帝雅好畫圖别立畫官詔博洽之士班固賈逵輩取諸經史事命尚方畫工圖畫謂之畫贊至陳思王曹植為贊傳

益州學堂圖 十畫古聖帝賢臣七十子後代又增漢晉帝王名臣蜀之賢相牧守似東晉時人所撰

魯廟孔子弟子圖 五是魯國廟堂東西牆畫圖

傳國璽圖一姚察撰并記　洛陽圖一名楊宮圖狀楊佺期撰

區宇圖一百二十八卷每卷首有圖虞茂氏撰

職貢圖一外國酋渠諸蕃土俗本末仍各圖其來貢者之狀金樓子言之梁元帝畫

中天竺國圖有行記十卷圖三卷明慶三年王玄策撰

祥瑞圖十卷起天有黃道失撰者

符瑞圖十卷行日月楊廷光并集孫氏熊氏圖

白澤圖一卷三百二十事出抱朴子黃帝巡東海而遇之

古今藝術圖五十卷既畫其形又說其事隋煬帝撰

靈秀本草圖六起赤箭終蜻蜓源平仲撰

本草圖二十五其形狀蘇敬撰明慶中事

易狀圖一　靈命本圖二

辯靈命圖一

歷代名畫記卷三

歷代名畫記卷三

靈命本圖二

辨靈命圖一

易狀圖一

本草圖二十五具形狀蘇敬撰明慶中書

靈秀本草圖六起赤箭終蜻蛉源平仲撰

古今藝術圖五十卷既畫其形又說其事隋煬帝撰

白澤圖一卷三百二十事圖子黃帝巡東海而遇之抱朴

符瑞圖十卷行日月楊廷光并集孫氏熊氏圖

祥瑞圖十卷史天有黃道夫撰者

中天竺國圖有行記十卷圖三卷明慶三年王玄策撰

職貢圖一外國圖畫諸番土俗本末仍各圖其來貢者之狀金樓子言之梁元帝畫

區宇圖一百二十八卷每卷首有圖虞茂氏撰

傳國璽圖一姚察撰并記

洛陽圖一名楊宮圖狀陽佺期撰

歷代名畫記卷四

唐　張彦遠　撰

軒轅時

史皇黄帝之臣也始善圖畫創制垂法體象天地功侔造化首冠羣工不宜哉（見世本與蒼頡同時）

周

封膜周時人善畫見穆天子傳郭璞云姓封名膜

齊

敬君者善畫齊王起九重臺召敬君畫之敬君久不得歸思其妻乃畫妻對之齊王知其妻美與錢百萬納其妻（劉向說苑具載）

秦

烈裔騫涓國人秦皇二年本國獻之口含丹墨噴壁成龍獸以指歷地如繩界之轉手方圓皆如規矩度方寸内五嶽四瀆列土備馬善畫鸞鳳軒軒然惟恐飛去（見王

子年拾遺録

漢

毛延壽杜陵人　陳敞安陵人　劉白新豐人

龔寛洛陽人　陽望下杜人　樊育長安人

已上六人並永光建昭中畫手時元帝後宮既多使圖其狀每披圖召見諸宮人競賂畫工錢帛獨王嬙貌麗意不苟求工人遂為醜狀及匈奴求漢美女上按圖召昭君行帝見昭君貌第一甚悔之而籍已定乃窮其事

畫工皆棄市籍其家貲皆巨萬毛延壽畫人老少美惡皆得其真陳敞劉白龔寛並工牛馬但人物不及延壽陽望樊育亦善畫尤善布色見葛洪西京雜記

後漢

趙岐字邠卿京兆長陵人多才藝善畫自為壽藏於郢城畫季札子產晏嬰叔向四人居賓位自居主位各為讚頌獻帝建安六年官至太常卿見范氏東漢書

劉褒漢桓帝時人曾畫雲漢圖人見之覺熱又畫北風

圖人見之覺涼官至蜀郡太守（見孫暢之述畫記及張華博物志云）

蔡邕字伯喈（裴孝源所定品第云伯喈在下品）陳留圉人工書畫善鼓琴建寧中為郎中校書東觀刊正六經文字書于太學石壁天下模學又創八分書體為左中郎將封高陽鄉侯年六十一靈帝詔邕畫赤泉侯五代將相於省（喜震叔節賜彪）兼命為讚及書邕書畫與讚皆擅名於代時稱三美（見東觀漢記并孫暢之述畫）有講學圖小列女圖傳於代

張衡字平子南陽西鄂人高才過人性巧明天象善畫

累拜侍中出為河間王相年六十二昔建州浦城縣山有獸名駭神豕身人首狀貌醜惡百鬼惡之好出水邊石上平子往寫之戰入潭中不出或云此獸畏人畫故不出也可去紙筆獸果出平子拱手不動潛以足指畫獸今號為巴獸潭（見郭氏異物志彥遠按三齊記云昔秦始皇見海神使左右巧者以足畫之又按應劭風俗通云公輸班見水上蠡形以足畫之巧者非止於手運思腳亦應乎心也）

劉旦楊魯並光和中畫手待詔尚方畫於洪都學（二人並見謝承後漢書）

魏

少帝曹髦字士彥（中品）東海定王霖之子幼好學善書畫初封高貴鄉公後即帝位甘露三年卒年二十（魏志有傳）曹髦之迹獨高魏代謝赫等雖著畫品皆闕而不載彥遠今著此書不必備見其蹤跡但自古善畫者即載之（有祖二䟱圖盜跖圖黃河流勢新豐放雞犬圖傳世又有於陵子黔婁夫妻圖）

楊修字德祖（中品下）華陰人也有俊才為丞相主簿與陳思王友善武帝以知有餘又袁氏之甥也且密於植遂

惡之（魏志有傳西京圖嚴君平像吳季札像並晉明帝題字傳於代）

桓範字元則沛國龍亢人少以才學稱時號智囊善丹青在漢為羽林左監入魏拜大司農（魏志有傳）

徐邈字景山燕國薊人性嗜酒善畫為侍中司空都鄉侯年七十六謚曰穆（魏志有傳）顏光祿云魏元陽之射徐侍中之畫是也魏明帝遊洛水見白獺愛之不可得邈曰獺嗜鯖魚乃不避死遂畫板作鯖魚懸岸羣獺競來一時執得帝嘉歎曰卿畫何其神也荅曰臣未嘗執筆人

所作者自可庶幾（見續齊諧記）

吳

曹不興（中品上）吳興人也孫權使畫屛風誤落筆點素因就成蠅狀權疑其真以手彈之時稱吳有八絕（張勃吳錄云八絕者菰城鄭嫗善相劉敦善星象吳範善候風氣趙達善算嚴武善棊宋壽善占夢皇象善書曹不興善畫是八絕也）吳赤烏中不興之青谿見赤龍出水上寫獻孫皓皓送祕府至宋朝陸探微見畫歎其妙因取不興龍置水上應時蓄水成霧累日霶霈謝赫云不興之迹代不

復見祕閣內一龍頭而已觀其風骨擅名不虛在第一品陸之下衛之上李嗣真云不興以一蠅輒擅重價列於上品恐為未當況拂蠅之事一說是楊修謝赫黜衛進曹是涉貴耳之論彥遠按楊修與魏太祖畫扇悞點成蠅遂有二事孫暢之述畫記亦云而李大夫之論不亦迂闊況不興畫記亦絕當時非止於拂蠅得名但今代無其迹若以品第在衛之上則未敢知（一人白畫雜紙畫龍虎圖紙畫青谿龍赤盤龍南海監牧十種馬夷子蠻并獸龍頭四並傳於前代）

吳王趙夫人丞相趙達之妹善書畫巧妙無雙能於指閒以綵絲織為龍鳳之錦宮中號為機絕孫權嘗歎魏蜀未平思得善畫者圖山川地形夫人乃進所寫江湖九州山岳之勢夫人又於方帛之上繡作五岳列國地形時人號為針絕又以膠續絲髮作輕幔號為絲絕見王子年十遺錄

蜀

諸葛亮字孔明彥遠按常據華陽國志云亮以南夷之俗難化乃畫夷圖以賜夷夷甚重之

亮子瞻字思遠善書畫為侍中僕射軍師將軍見蜀志

吳王趙夫人丞相趙達之妹善書畫巧妙無雙能於指

間以綵絲織為龍鳳之錦宮中謂之機絕孫權嘗歎魏

蜀未平思得善畫者圖山川地形夫人乃進所寫江湖

九州山嶽之勢夫人又於方帛之上繡作五嶽列國地

形時人號為鍼絕又以膠續絲髮作輕幔號為絲絕

蜀

諸葛亮字孔明琅邪陽都人常璩華陽國志云亮以南夷之

俗難化乃為夷畫圖以賜夷夷甚重之

[illegible]中僕射軍師將軍亮子瞻

歷代名畫記卷四

總校官候補知府臣葉佩蓀

校對官中書臣盧遂

謄錄監生臣趙應鏄